그분, 아직 살아 있나요?

그분, 아직 살아 있나요?

박세현의 시

K-Pub

차례

작은도서관 낭독을 위해 쓴 시

작은도서관 낭독을 위해 쓴 시 9

당신은 내가 무슨 시를 쓰면 좋겠소

2% 21 | 고맙습니다 22 | 시인 나부랭이 23 |
집에 없는 남자 24 | 강남면옥 25 | 대화 26 |
농담 반 진담 반 28 | 유자 왕 30 | 이를테면 31 |
항구 32 | 이런 젠장 33 | 찬란 34

시 없이도 잘 사는 당신이 시인이다

쓰는 기쁨 37 | 추모 43 | 망명 44 | 서촌 45 |
대가 46 | 슬픔 47 | 중상 48 | 본질 49 | 꿈 50 |
목탁 52 | 국밥 53 | 시 54 | 표절 55 | 충만 56 |
강연 58 | 부탁 60

전직 시인의 애매한 하루

페이스메이커 63 | 서정적 64 | 시 65 | 딴생각 66 |
집필 중 67 | 홍은동 68 | 편지 69 | 별일 없으시고? 70 |
담담하게 72 | 상상력 73 | 강릉에서 이틀 살기 77 |
쓰는 거지 78 | 전직 시인의 애매한 하루 80 | 인생책 81 |
쏜살 82 | 북촌 83 | 서간체 84

[뒷말]
삼인칭 단수 87

작은도서관
낭독을 위해 쓴 시

작은도서관 낭독을 위해 쓴 시

(작은도서관 구석 자리.
낭독을 위한 준비는 없다.
무작위로 도착한 남녀노소가
급히 모집된 단역처럼 앉아 있다.
시는 이 장면을 위해 쓰여진 다큐포이터리다.)

(본문 밖의 말처럼, 인사말처럼 중얼중얼)
나는 시를 쓰는 사람
나는 나의 무모한 욕망을 모방하는
이를테면 시인 호소인이지요
이 자리에 서 있다는 사실도
시를 낭독하겠다는 의지마저 순간적 인연입니다
내 앞에 앉은 여러분의 삶과
나의 것이 다르지 않을 것입니다
(이때 한 명 더 들어와 뒷자리에 선다
정체성이 짐작되지 않는 모호한 남자다
굳이 말한다면 실패한 시인 같다고나 할까)

나는 언제나 나를 연기하는 생을 살아갑니다

이해가 되시나요?
(그러면서 청중을 한번 쓰으 훑어본다
청중의 세련된 무반응
나는 무반응을 헹갈이하고 시를 읽는다)

생각한 대로 쓰지 않으면
쓰는 대로 생각하게 된다. 나는 후자입니다.
커피를 마시는 나도 커피잔도 커피잔이 놓여 있는
테이블도 모두 나이고 나의 분신이지요
며칠 전에는 불암산 둘레길을 걸었고
오후에는 에어컨이 빵빵하게 돌아가는
도서관에서 박솔뫼를 읽었습니다
내가 박솔뫼를 읽게 되다니
사실 나는 오한기 팬인데
요새는 좀 시들해졌습니다
이 말을 오한기가 들으면 서운하겠지만
꼭 그렇지는 않을 거라 확신합니다
오작가가 이 문장을 읽을 확률은 베토벤의 황제
전악장을 연주하는 피아니스트 손열음에게서

미스터치를 발견하는 일만큼 난감한 일일 겁니다
설령 그가 읽었다손쳐도 어쩌겠어요
법에 호소할 일도 아니고
전직 시인의 헛소리 정도로 퉁치면 됩니다
이것도 다 허구적 상상력임을 감안한다면
더 그럴 겁니다

11 나는 가끔 생각하지요
혜화역 4번 출구 통로에 앉아 하모니카를 불던
포크 가수 양병집이 궁금합니다
존재의 퍼포먼스가 아니라
그것은 늙은 가수가 벌인 생존의 연기였습니다
행인들은 천 원도 놓고 가고 오천 원도 놓고 가지만
그가 누군지는 모르지요 알고 싶지 않거든요
요새도 거기를 지나다 보면 죽은 양병집이
그래도 그 자리가 장사가 좀 된다는 핑계로
하모니카를 불면서 삶을 호소하는
엄연한 장면을 만납니다
나도 내 시집을 펼쳐놓고 그 옆에 앉아

있을 때가 있습니다

(이때 청중이 손을 든다
뒤늦게 와서 뒷줄에 선 정체불명의 그 남자다
지금 낭독한 내용은 사실이 아니지 않습니까?
양병집 귀신을 봤다는 얘긴가요?
청중 몇이 무의미하게 웃는다
나는 대답한다
이건 일종의 쇼입니다 시를 위한 양념이지요
사실 여부를 심하게 따지지 말고 들어주세요
남자가 다시 말한다
선생은 시를 핑계로 구라를 치는 겁니다.
문학 쪽에선 구라를 픽션이라고 하지요
나는 다시 읽기 시작한다
어디까지 읽었는지 찾는 척 하며
이 순간을 음미하려고 약간 시간을 늦춘다
어디 가나 저런 고상한 분들이 꼭 있지)

김수명은 그 김수영의 여동생입니다

내 시대의 일들이 아닌지라 잘은 모르지만
김영태의 시 속에서 이름이 나옵디다
김수명은 현대문학사 편집장을 지냈고
상당한 미모였다고 전하지요
당시 종로 오가에 있었다는 현대문학사에
문예인들이 줄을 서서 들락거린 이유가
따로 있었던 건 아닌지 생각하게 됩니다
(이 대목에서 호흡을 가다듬으며 대략
3, 4초 머뭇거린다)
김수명은 최고의 시인으로 서정주를 꼽았지요
"오빠가 따를 수 없는 부분이 있잖아요."
나에게도 저런 동생이 있었다면
김수영 같은 시를 두어 편 썼을지도 모르겠습니다요
사람 일은 모르잖아요

(여기 읽었는데 다섯 사람 중 두 명이 웃음을 삼키는 소리가 났다. 이때 뒤에 섰던 남자가 도서관을 나갔다. 앞에 앉은 청중 두어 명도 용변이 급한 표정이다. 나는 이제쯤 내가 읽는 시의 클라이막스를 설정해야겠다고 생각했다. 이분들에게도 뭔가 듣는 쾌감을 주어야 하기 때문이다. 그 방법이 딱히

없다. 이제부터 시를 즉흥으로 풀어놓기로 한다.)

  나의 허구적 소망은 버림받는 것입니다
  (이때 청중석이 약간 부산스럽다
  시가 자극적이라고 생각했던 것일까
  나갔던 정체불명이 다시 돌아와 뒷자리에 섰다
  계속 시를 읽어나려는데
  누구나 들으라는 듯이 정체가 중얼거렸다
  이미 충분히 버림받은 거 아닌가요?
  사내를 향해 또는 세상을 향해 나도 중얼거렸다)
  세상 모든 사람들로부터
  그리고 독자로부터 알뜰히 버림받고 싶은 꿈
  그것이 나를 지탱하는 러브 스토리랍니다
  진정한 슬픔은 나를 버려줄 독자가 없다는 것

  (그때 다시 정체가 끼어들면서 나의 거룩한 무용지물인 시를 버려주겠다고 제안했다. 우리, 잠시 쉬고 하면 어떨까요? 청중들이 자리에서 일어났고 나도 화장실을 다녀와서 사내와 막간의 대화를 나누었다. 사내: 사실 나는 선생님 시를 좋아

합니다. 나: 내 시를 읽어보셨나요? 사내: 금시초문입니다. 그런데 좋군요. 뭔가 귀에 쏙쏙 들어오더라구요. 나: 내가 쏙쏙 집어넣는 사람이군요. 사내: 뭐라고 할까요, 시가 시 같지 않고 단지 자의식을 토막쳐 놓은 듯한 느낌. 다소 이기적이지만. 나: 그렇군요. 사내: 저는 올해 문예창작과에 들어갔습니다. 나: 늦은 나인데 사내: 문예에 늦은 나이가 있겠습니까? 올해 환갑이거든요. 나: 그 나이면 대통령 할 나인데. 사내: 선생님 시가 조금 더 화끈했으면 좋겠더라구요. 제 생각이지만. 나: 어떻게요? 사내: 뭐랄까? 1980년대 민중문학을 관통하던 뜨거움 같은 것이 추가되면 좋겠습니다. 나: 애써 보지요. 사내: 그리고 나: 또 있나요? 지인 중에 서평가가 있는데 그가 말하길 선생님 시는 늘 긁었던 데 다시 긁는다구요. 나: 새로움은 무엇인가요? 사내: 글쎄요, 좀 다른 꿍꿍이가 아니겠습니까? 나: 나는 같은 시를 쓴 적은 없습니다. 매일 아침커피를 마시지만 똑같은 커피를 마셔 본 적은 없지요. 동의하시나요? 시는 양피지 사본 같은 것이지요. 쓰고 지우고 다시 쓰고. 매번 다른 시를 보여주는 시인은 누군가요? 사내: 그 연세에도 발끈하시는군요. 나: 재즈연주가가 같은 곡을 100번 연주해도 모두 다른 연주입니다. 같은 것으로 듣는 귓구멍이 문제겠지요. 연주자의 기분, 날씨, 장소, 청중이 다른데 같은 연주는 불가능합니다. 사내: 이해는 가는데 너무 나가시는군요. 마치 선생님 시처럼 말이지요. 나: 그렇소이다. 사실 나는 늘 같은 시를 쓰고 있습니다. 자, 낭독을 계속합시다.)

한글 키보드 연주하다 가면 된다
내 시들이 나를 배웅할 것이다
읽다 만 책은 그냥 두고
검색용 핸드폰도 두고 가야 한다
그리웠던 무소식도 연금도 두고 가자
남은 빚이야 누군가 갚아줄 테지
스스로를 시인이라 상상하며
상상 속으로 사라지면 된다
한 조각의 빵
그것만이 내게 필요한 정신
자본도 권력도 꿈도 포옹도 은유도 당신이 가져라
부럽지가 않다
역사는 문학처럼 양피지 사본이다
지우고 다시 쓰고 지우고 다시 쓴다

더럽고 비겁한 사이비 역사여
나는 역사를 환상소설이라 부른다
어제 쓴 시는 한 글자도 고치치 않고
오늘 아침 다시 쓰리라
나는 어제의 내가 아니므로
같은 시도 어제의 그 시가 아니다

내가 쓰는 시는 내가 쓰는 시
누구도 대신 써 줄 수 없어서 쓰는 시
내 시는 내 삶의 깨어진 꿈조각
나는 시인 호소인
손에 들고 삶의 파편을 바라보는 일
그것이 내 시쓰기다 다시 말하겠다
나는 삶의 문학을 쓰고 있는 게 아니라
문학의 삶을 쓰고 있다
매일 허구의 삶을 살아낸다

내 앞에 조용히 찾아온 저녁 뉴스
내 시를 읽던 독자 한 명이 내 시를 던지며

시들하다는 결론을 내릴 때 나는
그 독자 옆에 있고 싶다
커피 한 잔을 권하면서 그를 경축할 것이다
잘 하셨습니다
나는 내 시에 진저리를 치고 있다
나도 잘 알면서 시를 붙잡고 있는 소이는
시의 행간에 은밀하게 붙어 있는 자의식이
측은해서 그렇다
같이 글쓰던 친구들은 다 죽었는데
혼자 남아 노트북 자판 사이를 산보한다
이건 자정 지난 시간의 맑은 슬픔이다
지금은 칠월의 한복판
눈 쏟아지는 산골의 마가리를 상상하며
내가 쓴 시를 집합시키는 버튼을 누른다
버튼을 누르면 비로소 내 시의 파편들은
왔던 자리로 되돌아가며
산산조각으로 홀연히 흩어질 것이다

당신은
내가 무슨 시를 쓰면 좋겠소

2%

안국동에 서 있는데
국적불명의 외국인이 길을 묻는다
손짓으로 대충 가르쳐준다
지나고 보니 생뚱맞게 알려줬다
할 수 없는 일이다
그날 이후 생각하게 된다
시는 2% 부족하게 써야겠다
나머지는 당신이 채워 읽으시라
안국동 이후 그것이 진정한 시작법이라
신앙하면서 안심하게 된다
진짜시라면 사기성도 몇 방울
지니고 있어야 할 것이다
길을 잘못 가르쳐주듯이
독자에게 들키지는 말아야겠지

고맙습니다

당고개역 가는 길
재잘거리며 피는 목수국 가족
고맙습니다
나도 못 듣게 속으로 중얼거렸다
이제야 착해지려나 보다
신상계초등학교 담장에 머리 기대고
생각에 잠긴 닭의밑씻개도 고맙다
그 이름은 또 얼마나 수줍으냐
이 기분으로 누군가에게
긴 편지를 써야겠다
잘못했습니다
용서하지 마세요
총총

시인 나부랭이

글쎄!
그 작자가 나를 두고
시인 나부랭이라고 말하지 않겠어
시인과 나부랭이의 순간적 합성이 통렬하고
눈부셔서 나부랭이는 일생을 감동한다
아름다운 욕지기가 올라왔지만 참는다

참는 자에게 福
참으면 시가 된다
지금 몇 詩지요?
What poetry is it now?

집에 없는 남자

바움가트너를 읽고 있음
폴 오스터의 마지막 소설
내 차례에 오지 않던 책이 오늘에야
내 앞에 나타났구나
누군가는 지금 마지막 시를 쓰고
있을 것이다
자네, 행운이야
바움가트너처럼 이인칭으로 말한다
오늘도 비가 오려나
작은도서관 작은 열람실을 나서며
모르는 사람에게 눈인사를 한다
잘했군 잘한 일이야
내게 없던 인류애가 싹튼다
오늘도 어제처럼 그제처럼 집을 나간다
집을 나가는 일은 나의 직업이다
그러니까 나는 집에 없는 남자
그러므로 나는 집이 없는 남자
거리가 집이고 극장이 집이고
헤매는 곳은 다 나의 집이다
나의 평화 나의 허무

강남면옥

영화를 보려고 모처럼 정동으로 나간다
점심부터 먹을 생각에 경향아트홀 1층을
개관하다가 건달처럼 강남면옥으로 들어간다.
비빔냉면을 주문한다. 손님이 좀 있는 편이다. 냉면을 좋아하는 편이 아니지만 오늘은 모처럼 냉면이 먹고 싶다. 한 그릇에 12,000원이면 요즘 가격으로는 착하다. 영화를 보려고 정동까지 나와서 냉면을 먹었지만 마음이 바뀌어 영화는 생략한다. 왠지 그러고 싶은 나를 수긍한다. 대신 『브레송이 말하는 브레송 1943~1983 인터뷰집』을 외상으로 사들고 나온다.
정동의 여름 햇빛이 아는 체 한다.
영화는 관객을 스스로의 세계로 돌아가게 해준다는
브레송의 말을 잘게 씹으면서
모처럼 독립문 방향으로 걸어간다.
나도 나의 세계로 돌아가야겠다

대화

광화문 교보문고 A관 3-3 서가에는
을유문화사판 『진은숙과의 대화』가 한 권
재고로 버티고 있다 헤밍웨이처럼 서서 읽는다

"멕시코의 시인 옥타비오 파스가 그랬어요. 머릿속에 시상을 떠올리면 너무 완벽한데, 그걸 꺼내서 쓰면 완벽성이 깨진다고. 나도 똑같아요, 머릿속에 악상이 있는데 꺼내서 쓰는 순간 더 이상 완벽했던 형태가 아니게 되는 거죠. 50% 망가진 상태로 악보화하면 이상한 연주자가 와서 깨고 또 이상한 오케스트라 감독이 와서 망치고, 청중들이 와서 욕을 하고… 그렇게 쪼끄맣고 납작해져 버리는 거죠. 결국 내가 쓰지 않았더라면 완벽했을 텐데 말이에요."

"매 순간 실패를 딛고 다시 써요.
 친구에게 '내가 내 작품에 만족하면 나를 총살해 달라'고
 우스갯소리를 한 적도 있어요. 예술가들은 슬픈 존재입니다."
"예술가의 일은 자기 학대와 믿음 사이에 끝없는 균형잡기예요."

예술가가 아니라서 다행이다
그렇게 생각하며

농담 반 진담 반

요즘 누가 시를 읽냐고 말한다
생각해보니 그렇기도 하지만
온통 맞는 것만은 아니더라
내 시는 내가 읽는다
인공지능도 읽을 것이다
이렇게 말하련다
내 똥 내가 치우기
책상 위에 있는 서양의 누구누구
우리나라 누구누구
상호대차로 급히 빌려온 로베르 브레송도
우정적인 차원에서 내 시 읽어줄 때가 있다
서가 구석에서 말이 없던 페르난두 페소아도
내 시집의 표사를 읽기도 한다
바람도 읽고 안경도 읽고
여름햇살 환장하게 뜨거운 날
길고양이도 몇 줄 맛보고 간다
감사한 일이다
무엇보다 감사한 일은
내가 쓰고 내가 읽는 시 한 줄에

이슬이 맺혀도 못 본 척 한다는
대박 나의 시적 진실

유자 왕

아침에 유자 왕의 다큐를 봤다
그이의 악보 해석력이 마음에 들었던 모양
작곡가의 고민을 이해하려고 몰입하는
젊은 표정이 예술이다
밤에는 지나간 트롯을 들으며 잠들었는데
갑자기 유자 왕의 찐 팬이 되고 싶다
마음이 바뀔 때까지는 그렇게 하는 게 좋겠다
말하자면 이것은 내 마음을 어딘가에
위탁하는 일이다
당분간 잘 부탁드립니다
그런 방심이 나는 좋겠다
그러면 숨쉬는 사업의 바깥에서
탈속적으로 행복할 수 있다 그러나
저러나 얼마나 다행인가 이 아침
10년 만에 차이코프스키를 연주하는
유자 왕의 명랑한 손가락을 볼 수 있다는 사실

이를테면

도서관에서 상호대차로 신청한 책이
도착했다는 톡이 왔다
필립 로스의 에브리맨이다
폴 오스터의 바움가트너는 소식이 없다
무소식도 시다
구병모의 단지 소설일 뿐이네는
반납기일을 넘겼다
이를테면 그게 시다
도서관에 가야겠는데 비가 쏟아진다
번갯불이 켜지고 효과음으로
천둥소리도 입체적으로 꽝꽝댄다
노인이 우산 들고 책 빌리러 가는 장면은
개발도상국 차원으로 볼 때 다소간
후진 동영상이다
종일 비가 그치기를 기다리는
이 순간도 이를테면 시

항구

항구에 도착했다
파도는 쉬는 중이었고 몇 척
항구에 붙잡힌 고깃배들은 흰구름 가득
싣고 두둥실 낡은 부사어처럼 건들거리는군
뱃전에 앉아 허공을 물고 있는 갈매기는
내 꿈속으로 날아들던 그 녀석인가
아직 문 열지 않은 횟집의 플라스틱
의자에 주저앉아 항구를 관망한다
이 사람은 항구에 속한 것도 아니고
바다에 속한 것도 아니다 심지어
나에게 속한 것도 아니다
눈앞의 허공을 날고 있는 저 한두 마리
갈매기의 철학에 속한다고 쓰고 저장한다
괜찮은 발상이군
멋있어

이런 젠장

금년도 베니스 영화제의
황금사자상은 짐 자무시를 선택했다
자주색 정장에 까만 선글라스를 끼고
단상에 오른 그가 한말씀 했다
"예술은 정치적이기 위해 정치를 직접
다룰 필요는 없다"고
수상 소감 앞에서 그는
"이런 젠장"이라는 간투사를 던졌다
AP통신은 그의 수상을 의외의 선택이라 논평했다
모든 의외에 기립박수!
자무시는 1953년생 뱀띠
무려 나랑 동갑이었구나

찬란

카프카가 그린
바이마르에 있다는 괴테의 여름 별장
거기 한여름 바람이 지나간다
괴테는 안 보이고 나는 미아
사이버대학역을 통과하는 중이다
전화가 온다 모르는 번호다
오랜만이에요 잘 계시지요
역시 모르는 목소리다
나도 지지 않고 응답했다
저는 잘 있습니다
참 오랜만이네요, 선생님
내용 없는 통화는 거기까지다
당신은 누구신가
그러나
이 접속어는 이 순간 저혼자 빛난다
여름날 정점에서 튀어나온 목소리는
찬란하다 누군지 몰라도 몰라서 좋고
서로 잘 견디면서 살면 그것만으로
충분히 찬란하다

시 없이도 잘 사는 당신이
시인이다

쓰는 기쁨

△

비가 온다 우산으로 여름비를 받쳐 들고
불암산역 방향으로 걸어간다
오다말다 망설이는 비
우산을 접었다 폈다 하면서 걷다가
길가에 핀 꽃을 폰으로 검색한다
불두화 20% 수국 45% 백당나무 15%
어느 것도 90%를 넘지 못한다
마지막엔 라일락이라 뜬다 미쳤다
지금이 어느 땐데 라일락이라니
폰의 심한 농담을 접으며
마음을 너그럽게 고쳐 먹는다
그렇지 다 근사치를 사는 거야
안 그런가? 누구한테 묻는 거야?
다시 걸으며 콧노래를 흥얼거리는데
무슨 노래인지 감이 잡히지 않는다
내가 무슨 노래를 부른 거야
살았지만 산 것 같지 않은 이 느낌이
나도 모르게 편곡 된 듯

Å
어제는 시 한 편을 쓰고 혼자
한 15초 동안 우쭐했지만 거기까지다
그게 어딘가 말이다
홀로 흔들리던 15초!
아직도 몸에 붙은 이런 습관을
끼고 살다니
얼추 알고 있는 명예교수가 자기에게 책을
보내지 말라며 이모티콘 없는 문자를 보냈다
그에게 보내려던 주소를 지운다
그동안 내가 책을 보냈던 사람들에게
미안한 생각이 들어 급속으로 우울해졌다
죄송합니다
책을 보내지 않도록 유념하겠습니다
마음이 천천히 주저앉는다
말이야 바른 말이지 책은 누군가에게
사인해서 주려고 만드는 거 아니던가?
나만 그런가?
이런 인문적 의지를 훼손당하는 순간은

서글프지만 쑥스럽고 쑥스럽지만
어쩌는 도리가 없다 사는 건 말이야
언제나 어쩔 수 없는 과정이지
여기까지 쓰고 행갈이를 위해
키보드의 엔터키를 누른다

　　ί

집사람이 내 쓰기방에 들어오셨다
근무중인 컴 화면을 보며
시는 그만 쓰라고 말씀하신다
나는 네 하고 대답한다
아내가 방을 나가자 나는 다시 쓴다
내가 침식을 잊고 쓰는 줄 알겠지만
천만에 말씀 만만에 콩떡
그런 말씀은 참아주기 바란다
쓰는 일은 다만 기쁨이다
가려운 데 긁는 일이다
가렵지 않은 곳도 가려워진다
쓰는 일은 그런 것

머리를 쓰거나 가슴을 여는 일이 아니라
열 손가락이 상호 연대하는 일이기에
나와는 상관이 없다고 선언한다
때로는 파도를 쓰고 때로는 바람소리를 쓴다
가보지 못한 마곡사에 대해 쓰고
잊었지만 잊지 못한 사람에 대해서도 쓴다
이런 내용은 비밀이고 비밀은 소설가
이상의 말처럼 시인의 재산이다
늦은 나이에도 쓸것이 있다는 것
쓸것이 없어도 쓴다는 것
쓰나마나한 얘기도 쓴다는 것
그게 나의 문학적 충만이다
문학(文學)은 문학(問學)의 자기 확인
낙 없음의 낙이다
쓰지 않는 기쁨은 언제?
내일쯤은 뜸했던 재즈에 대해
쓰게 될지도 모른다
존 케이지의 피아노 연주곡 4분 33초도
다른 연주자의 것으로 들어야겠다

연주자마다 다르게 울리는 4분 33초
듣는 기쁨
안 듣는 기쁨

    ∀

불암산역 공원 정자에 앉는다
나 말고도 세 사람 중년 부부와
시니어카드 소지자 남자
모두 폰을 켜고 있다
휴대폰이 있어 다들 행복하다
좋다 나머지 삶도 저리 살면 된다
나는 폰을 꺼내려다 참는다
"죽을 때까지 산다"
가수 조영남 팔순잔치에 걸린 구호다
나는 웃는다 아무 죄없는 웃음
저들 일행의 노래가 이십대의 나를
5할 이상을 흔들었다고 봐야 한다
"자, 떠나자 동해바다로
삼등 삼등 완행열차, 기차를 타고!"

이젠 떠날 데가 없군
기타 하나 메고 신나던 벌거숭이 시절은
가버렸지만 아주 사라진 건 아니다
어딘가는 숨죽이고 있겠지
핏속에 뼛속에!

   ㅋ

시를 닫고 제목을 찾으려니
마땅히 오는 게 없어 망설이다가
미친 척 하고 쓰는 기쁨이라 붙인다
어디서 본 듯 하지 않은가
사는 기쁨! 그러면 그렇지
대놓고 베낀 것 같으니 다른 제목이
정해질 때까지만 가제목으로 둔다
H선생이 보신다면? 뭐라고 하시려나?
이봐, 곽 시인, 그건 내 제목이잖아
맛이 가셨는가? 정신차리시게

추모

김종삼이 윤용하를 추모하듯이
벙거지 모자와 파이프와 빈 소주병
시 몇 조각을 떨구고 간 시인을 추모한다
그가 서대문구 어디서 특강을 한다기에
물어물어 찾아갔는데 결강이었다

소나기 그친 여름바닥에서 깨어진 수박과
누군가 흘린 허름한 회한을 추모한다
늙은 스님이 두드리는 목탁소리가
마을로 내려와 마음을 어루만진다
평안하라 다들 아낌없이
행복하시라

망명

알렉산드르 게르첸
러시아의 사상가이자 혁명가
그가 미친 척 하고 쓴 소설이
『누구의 죄인가』다
읽어보지는 못했다
읽게 되지는 않을 것인데
제목이 나를 당겨 놓는다
지방대 교수의 평범한 삶을 내려놓고
일없이 시만 쓰고 있는 나에게도
다정하게 적용되는 문장이다
나는 어쩌다 이렇게 되었는가
나도 설득하지 못하는 글쓰기를
미친 척 주구장창 지속한다
금방 육십이 되고
금방보다 한 걸음 빨리 칠십이 되어
마침내 드디어 망명할 시간
시간은 누구의 죄인가

서촌

한동안 뜸했지
내 걸음에 윤기를 주면서
가난한 도보여행자처럼 가보자
오늘은 서촌으로
소풍 간다
당신도 같이 가자
하던 일 손 놓고 생각도 남겨두고
아침 라디오가 흘린 곡(哭)
지안 왕의 첼로와 기타가 서로를 붙잡고
놓아주지 않으려는 저 수상한 몸부림은
모른 체 하고 가자
통인동 이상의 집 앞에
우두커니 서 있는 전봇대처럼
서성이다 오면 되지
서촌으로 가자

대가

시가 와도 못 본 체
쓰지 않고 그냥 흘려보내고
잠을 잔다던 시인이 생각났다
이름이 뭐더라
젊은 날에 대가를 이루었으니
그는 더 쓸 것이 없을 것이다
밤이면 밤 낮이면 낮
한글 자판에 코를 박는 사람
한 줄 슬픔이여
지저분한 팔자여
명심하라!

그대로 인하여 이 나라에
시가 죽지 못한다는 사실을,

슬픔

내가 쓰는 시는
내 생각과 비슷하지만 원본의
싱크로율 50%를 한참 밑돈다
원본은 내 상상 속에 있으니
써놓고 보면 사돈 남말 하듯
멀쩡한 유사품이 되고 만다
엉뚱한 사람 품에 안겨 사랑한다고
진심으로 말할 때와 다르지 않으니
슬픔인가 기쁨인가

증상

73세 남자가
혼자를 어루만지며
쓸쓸해하는 모습
괜찮은 설정이다
혼자 쓸쓸히!
쓸쓸히 혼자!
혼자면 어떻고
쓸쓸하면 어떤가
그것은 단지 존재의 가려움이다
이렇게 중얼거리면서 상계동
과일가게 난전 앞을 지나간다
누구든 상관없으니
언제든 연락 바란다
외롭다고 칭얼거리면서 하나도
외롭지 않은 희한한 증상
지금 그 건널목을 건너고 있다

본질

취업은 어려운데
시는 잘 쓰여져서
걱정이라며 투덜거렸다
시인 지망생의 어록이다
다행이다
두 가지 다 어렵다면 삶은
묵은 감자 같을 것이다
그것이 삶의 본질 같다고
지망생이 말하길래
그런 말은 하지 말자고 말하고 말았다
본질 같은 건 없다

꿈

70이 넘으니까
살짝 넘어보니까
70은 칠십이 맞다
임플란트 29만원
전립선비대증은 약으로 간단히 해결
저 사람 왜 저러니 하다가도
사람 다 그렇지뭐 턱없이
너그러운 조립형 도사가 되시었다
젊은 시인의 시를 읽으며 이 사람은
왜 이렇게 젊지? 그런 생경한 의심은
혼자 조용히 해결하면 된다
이런 날은 단지 이런 날은
도서관 후미진 의자에 앉아
부카우스키의 막돼먹은 소설을 읽는다
이렇다 할 작법 없이
문예창작 단기코스 세례 없이 함부로 쓴
양아치 작가의 문장을 대강 줄줄 읽는다
70이 넘으면 깨어났던 꿈속으로
다시 들어가려 애쓰지 않아서 좋다

가만 있어도 날마다 꿈은 꿈이다
한 줄 더 쓴다 시가 끝났는데도
모니터 밖으로 꿈은 계속 흘러내린다

목탁

눈 내리는 날은
산밑 외딴 절에 가야겠다
작은 대웅전에 불빛이 잦아들고
눈만 화끈하게 쏟아질 것이다
스님 스님

대답이 없다
눈은 저절로 쌓여가고
절집은 절집처럼 깊어 갈 것이다
스님 스님
내가 목탁을 두드린다

국밥

'바벨의 도서관' 근처에서
늦은 점심으로 국밥을 먹는다
7천원이었는데 올라서 8천원이고
맛은? 도보없자에게 딱 어울리는 맛이다
장마철인데 비는 없다
건너편에는 계약직 사서가
자기 인생의 근처에서 나처럼
국밥을 먹고 있다
눈인사를 건네고

식당을 나서려니
낯선 빗방울이 몰려온다
구립도서관에서 빌린 미국 시인의
시집으로 비를 가리면서 집으로
간다 내 집은 어디지?
영 번역이 안 되는 국밥 한 그릇

시

시를 쓰는 일은 대체로 정신 나간 짓
집 나가 이리저리 떠도는 맨정신을 찾고
또 찾아 헤매는 일

(더 읽고 싶으면
여기를 천천히 두어 번
문질러주세요)

표절

—「피에르 메나르, 『돈키호테』의 저자」를 읽으며

다 아시겠지만
나는 표절하며 쓴다
알면서도 그렇고 모르면서도 그렇다
그런 건 중요하지 않다
나는 그렇게 시를 쓰고 있다
오늘은 이 시인 어제는 저 소설가
어떤 날은 전철에서 본 노인을 베낀다
먼 여자의 속마음도 베낀다
내 것인 양 그렇게 쓰기도 바쁘다
언젠가는 대놓고 표절한 시인들 소설가들
영화감독들 재즈 뮤지션과 이웃과 풍경과
그런저런 명단들을 꺼내놓을 생각이다
그들이 누구를 베꼈는지는 밝히지 않고
거기까지만 쓰고 싶다
라틴 아메리카 어느 시골에서
내 시를 베끼는 시인이 있다는 풍문을 듣고
그를 찾아떠나는 꿈을 표절하는 밤
말리고 싶지만 그가 누군지 모르는
슬픔만 간직할 것이다

충만

시를 쓰지 않는 시인을
탓할 일은 아니다
그게 무슨 먹고 살 일이라고
끝까지 매달리겠어
매순간이 시이고 숨소리가 시인데
노트북을 두드리는 것만이 시는 아닐 것이고
그것만이 온전한 문학은 아닐 것이다
쓰지 않아도 아무렇지 않고
도리어 충만한 삶도 있을 것이니
시를 놓은 사업가 랭보가 그렇고
북한 이후의 백석도 그러했을 것
시를 놓고도 충만한 시인은 얼마든지
거론할 수 있다는 말씀
내 친구 T와 A도 충분히 그렇다
한때 그들의 시는 얼마나 뜨거웠던가
막판까지 시에 붙어 있는 건
당사자성의 당면 문제일 뿐
쓰면서 해소된다면 쓰지 않기에
저절로 해결되는 문제도 있을 것

시 없이도 잘 사는 당신이
진정한 시인이외다

강연

서원주 역 지나간다
지나간다를 한 번 더 쓴다
송창식과 정훈희가 부르는 안개를 들으며
안개 없는 차창 밖을 내다본다
모루도서관과 강릉문인협회가 주관하는
강릉작가와의 만남이라는 프로그램에서
당신의 시라는 밋밋한 제목으로
여러 말을 하고 떠나오는 길이다
나는 무슨 말을 했던가
나는 대체 무슨 말을 했던가
일가붙이 같은 사람들 앞에서 시를
시에 대해 말한다는 것은 어떻게 말해도
어색하고 우습고 우울한 노릇이다
아니나 다를까 강의가 끝나고 나오는데
등뒤에서 중얼거리는 말소리가 들려왔다
재미없었어! 나는 돌아보지 않았다
사정이 저렇다면 성공적이었구나
난들 재미있었겠는가요
적어도 이건 나의 진심이다

그 걸음으로 청솔공원묘지에 가서
두 번 절했다 처갓집 묘와 내 집 묘
물티슈로 과묵한 묘비도 닦았다
처가는 한 번 우리 집은 두 번
햇살에 부서지는 사천항 주변을 걸었다
걸었다 내 어지러움의 정체는 무엇인가
강릉에서 급히 보낸 3박 4일
'생각하면 무엇하나
지나간 추억'
안개 없는 안개가 눈앞을 가린다
강의 말미에 젊은 여자가 손을 들고
시를 잘 이해하는 방법에 대해 물었다
나는 반 박자 늦추면서 대답했다
(시인이기에
잘 안다는 듯이)
시를 굳이 이해할 필요가 있을까요?
나도 모르는 말에 물을 한 스푼 더 타면서
울고 싶었지만 희미하게 웃었던 그날이다

부탁

재즈는 왔다가 사라진다
그저 일어날 뿐이다
재즈 피아노 연주자 키스 자렛이
흘린 말씀이다
나 같군 나 같어
그가 한 말씀 더 흘려놓았다
그 순간 재즈와 함께 있어야 한다
그게 전부다
왔다가 사라진다는 사실만큼
더 철학적이고 더 종교적인 사실은 더 없을 것
나를 설득하려 애쓰지 않기를 바란다
부탁이다 시든 소설이든 에세이 조각이든
대본 없이 눈 앞에서 촬영 중인 독립영화의
한 장면마저도

전직 시인의 애매한 하루

페이스메이커

난 말이다, 종종
내가 한국 시단의 페이스메이커라고 생각하지
다른 선수의 기록 단축을 돕기 위해
전략적으로 속도를 조절하며 달리는 선수
적당히 쓰다가 꺼져주면 돼

어떤 페이스메이커는 계약 조건을 어기고
끝까지 달려 우승을 차지했다더군
참았어야지
말렸어야지
주최 측이 그의 우승을 받아들이겠는가
페이스를 잘 조절하자

서정적

오늘 같은 날은
돌아서서 좀 울고 싶다
왜 우느냐고 물으면

훌쩍거리는 빗소리의 리듬에
삶의 속도를 맞추는 일이라고 대답하면 된다

근데, 자기가 시인 박용래야 뭐야
(멋쩍게 웃으며) 울음은 급 취소다
쪽 팔리는 건 한순간이다
서정적으로 늙으면 이렇다니까

시

이 시는
당신의 눈앞을 그냥 지나가는 시입니다
건드리지 마세요

딴생각

책을 읽고 음악을 듣는다
귓등으로 흘려들으며 딴생각을 한다

시를 쓰는 날도 있다
무슨 영감이 와서 쓰는 건 아니고
단지 심심해서 단지 한심해서 쓴다
아무것도 아닌 no인이 책상 앞에서
중얼중얼 낙서를 한다
이런 것도 시라면 괜찮을 거다
괜찮지 않아도 괜찮다
성가신 존재론적 통증
일어나 거울을 본다
시에서 빠져나와 나와 마주친 저 얼굴
한때는 나였을 것이나 너무나 낯설어진
남 같은 당신은 누구詩던가

집필 중

책상은 이사 가기 전날처럼
난리다 다큐를 찍는다면 단연 이 장면을
찍어야 옳다 그대로 노출하는 거야
정신없는 이 외관을 오픈하는 거야
공연히 다리를 벌리고 있는 안경과
제 주장대로 흩어져 있는 책, 책
서양 철학자의 두꺼운 책도 냄비받침
비슷한 용도로 헌신하고 있다
내 탓만은 아닐 거다
오래 된 친구인 탁상시계가
오늘은 가지 않고 서 있다
열두 시 십오 분
건전지를 갈아주지 않고 며칠
그대로 두기로 한다
시간도 휴식이 필요할 것이므로
시계가 쉬는 동안 내 시간을 가져도 되겠지

홍은동

나는 아직도 1980년대
명지대학교 앞 홍은동 골목을 걸어간다
그때 들르던 젊은 술집
간판은 바람 불어 좋은 날이었지
진토닉 한 방울 하면서 문학과 예술에 대해
근거없이 떠들었겠지
지금 돌아보니 그게 다 정답이었어
살고 나서 정산해보니 인생이란?
어떻게 계산해도 똑 떨어지지 않고
아귀가 맞지 않는 우수리가 남아돈다
명지대학교 앞에 살면서 문학박사가 아니라
지방대학의 교양국어 교수가 되어
강의는 대강 하고 연구실 창틈으로 들어오는
최루탄 향내를 맡으며 월북시인 임화를 읽는 꿈
김승옥도 읽고 누구도 읽고
3인 시집 『평균율』에 침을 묻히고 싶었던 거지
측량할 수 없이 쓸쓸했던 허영의 날들
바람 불지 않는 날도 명지대학교 앞
전세 들어 살던 2층집 골목길을 걸어간다

편지

선생님께

잘 계시지요?
아시다시피 여기는 여전히
정치상황이 개판입니다
민주주의가 되거든 한 번 오세요
시간은 좀 걸릴 겁니다
아직 빵에 가야 할 사람 많거든요
그동안은 참고 거기 사세요
좋은 날 연락드리겠습니다

2025년 6월 서울에서
박아므개
올림

별일 없으시고?
―시 없이 사는 친구들과 같이 읽으려고 써 본

살아 있을 때 살아 있자
하늘은 어제처럼 다시 푸르고
시냇물 소리 새롭게 높으니
공원 노인의 담배연기도 향기롭다
기념으로 커피 한 잔
오늘은 믹스커피다
이맛저맛 퉁치면서 달짝지근하게
삶을 건드는 힘은
세상 모든 커피의 종합판이다
살아간다는 것
골똘히 생각하면 남는 게 없다
그런 건 우리 동네 노래방
나이 든 여사장에게 물어도 상관없다
우리는 그저 길가에 핀
이름은 있지만 이름없는 잡풀처럼
바람에 흔들거리며 간단히 살면 된다
바람 없는 날은 제힘으로 건들거린다
이름 지우면 누구나 키작은 잡초
사는 일의 잡스러움은 삶의 잔치상

날마다 들이닥치는 극치다
살아 있을 때 살아 있자
별일 없으시고?
이런 심심한 안부 전하면서 살면 된다

담담하게

전철에서 후배의 시를
건성으로 읽는다 이런 시는
왜 썼는지 모르겠다
그러나 나는 그게 또 좋다
이해를 제거한 시가 좋다
시를 이해한다면 시를 쓸 수 있을까?
후배의 이름은 가려놓겠다
평론가인들 이해의 자격증이 있는 건
아니므로 껌씹듯 자기 뇌피셜로 읽는다
전철이 서대문을 지날 즈음
후배의 시는 접고 김수영의 시
설사를 읽는다 아닌 게 아니라
아침에 설사를 했군
신체가 총체적으로 저항했지만
막을 수 없었던 그것은 모르는
지식이 나를 밀어내는 퍼포먼스다
공덕역에 내려 행선지가 생각나지 않는 사람처럼
전철역 의자에 앉아 설사를 참으며 오히려
나는 담담했다

상상력

그녀가 문자했다
언제 한잔 하자는
문자 옆에
웅크린 이모티콘
하나가 수줍다
이런 문자 처음인 듯
미리 조금 두근거려둔다
그게 모처럼의 예의겠지
두근거리는 거다
설레는 거야
그녀를 만나면
근황을 캐묻지는 말아야지
스카프가 어울리는군요
스카프를 두르지 않았다면
소용없는 말이 되겠지
벌써 가을입니다
이건 식상한 대사다
멋진 톤을 찾자
살 만한 날이지요

이것도 궁기가 돈다
마치 일주일 전에
마치 어제 만난 듯
그런 표정으로 나서는 게 좋겠다
사는 일이 그렇듯이
각자의 서사는 봉인하자
살아온 내력은 멜로드라마다
그건 사양하자
후줄근한 바지 차림으로
그것도 멋이라는 듯 시침 떼고
길을 나서면 연극배우 같을지도 모른다
혹시 굽었을지도 모르는
허리는 단단히 펴는 거야
다 산 듯한 말투는 버리자
이청준을 읽던 청년처럼
푸른 표정을 짓자
주름은 감출 수 없군
할 수 없다
솔직하자

그녀도 속아줄 거다
어려운 얘기는 삼가자
문학? 아니
음악? 아니
영화? 아니
정치? 미쳤니
나는 그대가 버린 여백이다
나는 그대가 그친 울음이다
나는 그대 창에 물든 어둠이다
이런 말은 아껴두자
무겁잖어
급속으로 늙어가면서
고집스런 시간을 붙잡고
가볍게 버티는 나날
그대를 만난다면
가정법이지만
가볍기만 한 작은 웃음을
완성해 그대에게 줄 것이다
그러면 괜찮을까

무소식으로 살아온 나날이
한순간에 불이 켜질지도 모른다

강릉에서 이틀 살기

있다가 없어지고
숨바꼭질 하듯 다시 오는 파도 앞에서
근거 없는 잡념을 놓아준다
카페에 앉아 있는 일도 싱거워져
멍하니 서 있는 해변 자판기에서
종이커피 꺼내들고 앉아 있는다
마시기 위한 것이 아니라
손에 들고 있다는 포즈를 위한
얼음커피가 식어간다
이런 날 조용히 이틀 살고 가는
시인 호소인을 적셔주는 노을에
감사하자
손에 쥐었던 수평선을 풀어놓고
사진작가처럼 저녁바다 한 장 찍고
KTX 6호차 4C석에 보딩한다
옆자리는 비었군

쓰는 거지

우습지만
그닥 우스울 일도 아니지만
내 시 읽은 사람들은 왜들
아무렇지 않은 건지
그것이 궁금하다
더 이상 무얼 어떻게 써야
좋아요를 눌러 주실 것인가
궁금하고
우울하고
답답하고
화도 좀 나지만
나도 모르게
귀신도 모르게
내 감수성의 전원을 꺼버린다
독자에겐 독자의 사정이 있고
쓰는 놈에겐 쓰는 사정이 있다
나는 할아버지니까
할 만큼 했다
이런 내막을 투덜대는 건

나의 사정행위일 뿐!
기댈 데 없는 의존명사가
불안한 생각을 안쓰럽게 마감쳐준다
그냥 빌빌거리며 쓰는 거지
거지처럼 그냥 쓰는 거야
내일까지만

전직 시인의 애매한 하루

시가 지나간 자리
마치 버스 놓친 사람처럼
거기 그대가 서 있다

아쉽지만 만사를 내려놓은 몸으로
안 그러면 안 된다는 신념으로
하루를 산다
사나 안 사나 다를 게 없는 하루
상계동 보람아파트 앞을 담담하게
지나가는 빈 택시처럼 전직을 견딘다
한 글자도 쓰지 않는 날이
그의 시다
쓰면 쓸수록 남는 게 없는 영업
그는 단정적으로 쓰고 애매하게
하루를 더 산다

인생책

아무것도 하고 싶지 않을 때가
철학의 시간이다
생각도 느낌도 잡념도 없을 때
그 순간이 인생이다
몸과 마음에 아무것도 들이지 않고
언덕을 넘어가는 구름 한 편을 읽는다
그것이 나의 책이다
활짝 열린 빈 페이지에
생각없이 무언가를 써내려간다
모르는 말로 모르는 문장으로 쓴다
흔적 없이 사라지는 문장들
그것이 오늘 나의 책이다

〈AI 요약〉
이 시는 '깊은 사유'를 흉내내고 있지만,
실질적으로는 깊이가 없는, 공허한 문장들의 나열에 그치고 있다.
독자에게 어떤 감흥도 주지 못하고, 그저 겉멋만 부리는 글이라는 인상을 준다.

쏜살

무언가 지나간다
눈앞을 스쳐가는 불명의 정체를
손으로 잡으면서 놓친다
이번엔 두 손으로 휙 잡아챈다
손 안에서 쏜살 같이 부서지는 한 줌의 쏜살
이 손맛도 괜찮군
화요일 아침
비발디의 첼로 소나타가 흘러가고
편의점 유리창엔 낯선 표정이 사무친다
커피를 마시고 커피잔을 설거지 하는 순간에
온몸으로 느껴지는 경이로움은 혹시
일종의 슬픔인가
고양이 엉덩이를 두드려주고 싶은데
고양이가 없는 가짜 집사처럼
문득 깊어진 물소리를 따라 흘러가야겠다

북촌

북촌을 떠다닌다
북촌 어디쯤일까?
초가을 햇살 속이겠지
이런 날 당신을 만나 햇살처럼
부서져도 좋겠다
당신은 누구실까요?
누구냐고 묻는 이
그가 당신이라고나 할까
정독도서관 지나
국립현대미술관 앞으로
내가 쓰지 못한 시처럼 걸어가던
누군가의 뒷모습,
그가 오늘 나의 당신일 겁니다
오후 두 시, 초가을
일 없이 떠돌던 북촌의 오후를 보고합니다

서간체

이심정 시인께
한동안 뜸했군요.
가을에 돌아오신다니 그때 회포를 좀 풀어봅시다.
　이번 시집을 쓰면서 여러 개의 제목을 후보군으로 올려놓고 생각했습니다. 그런 게 뭐 중요하겠습니까. 그래서 이렇게 푸념하듯이 떠들어보는 겁니다. 당신이 읽어도 상관없는 시와 전직 시인의 애매한 하루도 그중 하나입니다. 나의 시적 푸념이 이 근처에 매달렸다는 뜻입니다. 그러나 역시 그런 게 뭐 중요하겠습니까.
　이 선생이 웃는 소리가 내 책상 앞까지 들리는군요.
너무 시집 제목 같다고 비평하실 거지요?
흘러간 옛노래 같다고 해도 달게 받을 겁니다.
요샌 단 것이 끌리더라구요.
시도 영화도 그림도 음악도 사람도
이렇게 쓰고 나니 막 詩詩해지는군요.
역시 타이핑은 필요한가 봅니다.
찬바람 불면 다시 생각하기로 합니다.
어느덧 말福이 지나갑니다.
돌아오시면 연락주세요

여기 소주 한 병 더 주세요
이런 말을 던지는 날이 오기를

뒷말

삼인칭 단수

그는 쓴다. 쓰는 그가 있다. 흔히 그렇듯이 그는 시를 쓰고 시집을 인쇄한다. 미친 척 하고 쓴 소설과 산문집도 여럿이다. 그는 독자를 설득시키지 못하고 정확하게 실패한다. 그 점은 시인 박세현의 필경 작업과 닮았다. 이 글은 박세현이 아니라 박세현을 닮은 삼인칭 단수에 대한 관찰 기록이다. 그는 어떤 시인인가. 그는 어떤 생각으로 자기의 헛수고(手稿)를 지속하고 있는가. 그가 생각하는 문학은 어떤 것인가에 대한 개괄적 관찰을 무책임하게 받아쓴다. 키보드 눌려지는 대로 써보는 수필(手筆)이자 행인적 시점(詩點)의 잡념이다. 그 이상은 아니다.

일혼 살이 되어서도 시를 잘 쓰려고 한다. 그건 어색하다. 연습 없는 삶을 연습으로 채우겠다는 일념은 인정되지만 헛살았다는 반증도 된다. 한 구절도 구겨지지 않고 날이 선 시가 있다면 조용히 사양하자. 나이 든 작곡가의 노망기 같은 음악이 그의 맨정신보다 못하다고 할 수 있을까?

―

 그는 가끔 지인이 보내 준 시평을 읽는다. "당신의 시어는 대체로 절제되어 있으며 거기에는 촘촘한 감각과 사유가 배어 있다. 일상어에서 의미의 파편들을 건져 올리는 솜씨가 그럴 듯 하다. 자유시의 형태를 따르되, 단어와 행간의 배치에서 의도적인 여백과 멈춤이 돋보인다. 하고 싶은 말을 시각적으로 강조하는 장치다. 정조는 차분하고 사색적이지만, 가볍지 않은 울림이 담겨 있다. 기억의 파편, 상실의 흔적, 존재의 불확실성을 다루는 시편들에서 강한 이미지와 정서적 밀도가 올라온다. 그러나 당신이 문학계의 조명을 받지 못하는 이유는 작품 자체의 문학적 가치라기보다는 당신이 스스로 택한 비주류적 태도, 형식적 실험의 양아치적 엉뚱함, 이기적 사유, 문단 시스템에 대한 비판적 시각 등의 요인이 복합적으로 작용한 결과일 것이라고 본다." 남의 시를 읽을 때처럼, 그는 담담하다. 뻔한 얘기 아닌가. 나는 고개를 끄덕인다. 긍정인가 부정인가.

그는 생각한다. 시는 이제, 이제는, 더 이상 인문학 분과는 아니라고. 그럼, 시는 뭐라고 명명해야 되겠느냐. 시에 섞이던 정신성은 거세되었고, 시라는 작문은 문학의 갈래로만 기능한다. 그 이상의 과한 해석은 무모하다. 이것이 그가 다다른 시의 벽이다. 벽에다 쿵 머리를 박는다. 나는 그의 생각에 무심코 동의한다. 그 말의 옳고 그름은 판단하지 않는다. 시인은 시를 쓰는 사람이지 시를 살아내는 존재는 아닌가봐. 여름날 강원도 속초 한 칸 위 고성해변에서 더위와 함께.

―

그는 문예지 봄호를 뽑아 든다. 표지를 훑어보고 목차를 일별한다. 물씬한 봄 냄새. 봄날은 간다. 잡지를 서가에 도로 꽂는다. 지금은 여름이고 여름호가 나온지도 한참 지났다. 봄호는 봄에 읽는 한정판이다. 그가 의지하는 편견이다. 편견에도 나름의 정처없는 철학이 깃든다.

직장을 나선 후 책을 읽고 글을 쓸 수 있는 여분의 시간이 많아졌다. 모든 일에는 그 반대가 있다. 많이 읽고 많이 쓰는 것이 함정이 되기도 한다. 시간은 많겠다, 할 일은 없겠다, 산책하고 검색하면서 노트북을 두드리면 무언가 이루어진다는 근사한 착각에 빠지기 쉽다. 그가 그렇다는 말이다. 그는 나름의 규칙을 가진다. 제일 우선하는 규칙은 많이 읽지 않는다는 것. 가급적 읽지 않는다는 원칙이 그것이다. 더 읽는 일은 무의미한 노동일 수 있다. 평생 읽어도 도서관 서고의 한 칸도 읽지 못할 것이다. 많이라는 부사어에 끌려갈 필요는 없다. 그는 더 구체적으로 읽기의 디테일을 정한다. 1년 이내에 출판된 책을 읽는다. 100년 정도 묵은 책을 읽는다. 이 정도의 원칙도 얼마나 지켜내기 어려운가. 다시 말하자면 그는 책 읽기를 거의 포기하고 산다. 안 읽기도 읽기. 어느 나이에는 많이 읽는 것도 노망적 습이 된다. 그가 잘 아는 지인의 말씀: "선생님, 저 사실 시 안 읽은 지 오래 됐어요. 선생님의 시도 읽는다는 보장이 없어요. 사는 게 더 재미있거든요."

시는 삶에 대한 혹은 언어에 대한 각자의 자기 응답일 것. 그대에게는 돌아가 안길 만한 이론이 있는가. 없다. 이론 없이 쓰는가. 그렇다. 그러나 아주 없는 것도 아니다. 그는 닥치는 대로 쓴다. 이른바 막시론이다. 삼인칭 단수의 기준으로는 포스트 개념론쯤 된다.

―

그는 쓴다. 참을 수 없어서, 참아지지 않아서, 참아야할 이유가 없어서 쓴다. "더 이상 혀를 못 놀리게 된 자만이 진짜 죽은 자라고// 발화의 욕구는 성욕보다/ 백배는/ 강해// 귀를 대주라고, 언니, 뒤를/ 대주듯이"(김언희,「황색 칼립소」). 근거 없는 자신의 작화증(作話症)을 다스리려고 쓴다. 그는 쓴다. 쓰는 그가 있다. 그는 사후적으로 인식된다. 누구든 읽으시라. 읽지 마시라. 쓰는 순간 쓰는 그는 해체되고 탕진된다. 거기까지가 그의 에고가 펼치는 손가락의 수작질이라는 사실을 나는 안다.

"이론의 세계는 나의 세계가 아니다. 이 책은 처음부터 끝까지, 오로지 한 실무자의 고백일 뿐이다. 소설가 각자의 작품에는 소설의 역사에 대한 어떤 함축적인 통찰이, '소설이란 무엇인가'에 대한 생각이 담겨 있다. 내가 말하고자 한 것 또한 바로 내 소설들에 내재한 이 '소설에 대한 생각'이었다."

쿤데라의 『소설의 기술』 앞자리에 박혀 있는 제사다.
'소설'을 '시'로 바꾸어도 달라질 게 없다.
'실무자'라는 말이 그에게는 더없이 실무적으로 다가온다.

그는 지방대학의 교양학부 전임 교수였고 문예창작과 비스름한 언어예술과를 창설하였다. 시작은 창대하였지만 학생이 없어 영업은 3년만에 정지된다. 그는 퇴직하고 경호원 없이 홀로 지낸다. 외출도 혼자 하고 전철도 혼자 타는데 아무도 인사하지 않는다. 그는 이것을 외로움으로 이해하고 번역어로는 자유라고 칭한다. 드디어 혼자가 되었구나. 그는 빈 시간을 때우기 위해 시를 쓴다. 밑빠진 독에 물붓기. 어떻게 말해도 시는 일인칭 아상(我相)의 하소연이다. 자기를 추스르는 작업이다. 흘러내린 바지를 추어올리듯이 늘 자기 돌봄의 성가신 노동이다. 철학이 가끔 문학을 기웃대는 이유도 이 근처다.

—

에밀 시오랑. 그는 입으로 굴려 본다. 유쾌한 절망의 대가. 그가 시오랑을 읽는 것은 시오랑이 평생 거느린 삶의 곁가지를 읽는 것. 평생 직업을 갖지 않았다든가, 문단과 교류하지 않았다든가, 문학상을 거절했다든가, 언론 인터뷰를 하지 않았다든가, 철저한 고독 속에서 살았다든가 그런 것들. 끼니를 파리 대학 구내식당에서 해결했다는 사실은 참을 수 없는 절정이다. 더 이어서 쓸 말이 없다. 에밀 시오랑. 본문을 빠르게 두 번 두드리면 그가 나와서 부연설명을 할지도 모른다.

그는 문학의 뒷마당에서 가려운 데를 긁는 사람이다. 긁적 긁적. 전쟁터에서도 가려운 데는 긁어야 한다. 그는 쓴다. 모른 척 하고 쓴다. 미친 척 하고 쓴다. 정신적 금단 현상을 다스리는 문자적 방책이다. 문학이 사라져도 그는 쓸 것이다. 쓰던 대로 쓰는 것이다. 쓰지 않으면 쓰는 회로가 끊어진다. 섹스가 그런 것처럼. 시인을 존중하는 습관은 접는다. 그는 생각한다. 자기 앞에 나타난 생이 문제다. 생에 속한다는 사실이 문제다. 거기에는 답이 없다. 세상적 답은 한글맞춤법 규정을 닮는다. 정답은 표준 규정 안에 있지 않다. 언어로 표현되지 못하는 공백의 틈이 문제다. 그가 시를 쓰면서 해소하지 못하는 찌꺼기도 이 부분이다.

그는 가끔 생각한다. 삼인칭 단수 형태로 생각한다. 자신의 독자는 어디 있는가. 더 젊어서는 추상적이지만 자기 세대의 독자가 있다는 미신적 믿음이 있었다. 때로 자신의 독자가 리스본의 어부, 부에노스아이레스 뒷골목의 건달, 맨해튼의 바리스타, 아일랜드의 무용수, 암스테르담의 성인용품 사장, 오사카 중고서적 주인이 자신의 독자일지도 모른다고 상상한다. 상상은 상상이다. 희미한 인연처럼 존재하던 독자는 다 사라져갔다. 돋보기를 썼거나, 변심했거나, 시에 대한 열망이 식어버린 예비역이 되었다. 각자의 인연시절에 부응하여 그와는 혹은 시와는 멀어졌다. 그는 자신을 향해 쓴다. 그러면서 망하는 거다. 그의 시가 출발하는 지점이자 도착점이다. 무독자 시인의 알리바이다. 이런 사정은 그에게 형언할 수 없는 시쓰기의 희열을 주기도 한다. 알 수 없는 일이다. 나는 그에게 좋아요를 누른다.

—

그에게 누가 물었다. 어떤 사람이 시를 쓰게 되느냐는 질문. 그는 생각없이 대답한다. 쓰고 싶은 사람이 쓴다고. 재능이나 운명 따위는 수사학적 진실일 뿐이다. 시 쓰려는 자의 자부심은 시를 잘 쓰는데 있지 않다. 시를 잘 써야 할 이유가 있으려냐? 이 문장이 그가 아끼는 시쓰기의 벽이다.

삼인칭 단수는 자신에게 묻는다. 나는 시인인가. 그는 대답한다. 그렇다. 그렇다고 말하는 동안 그에게는 시인이라는 자의식이 소멸한다. 그는 웃으면서 자신을 전직 시인으로 호명한다. 자기 시대를 상실하면 전직이 된다. 전직은 자기 위치는 없지만 자유롭다. 노망기 있는 시를 써도 용서된다. 늙으면 다 저렇게 된다는 포기와 관용이 작동한다. 살긴 살았지만 산 것 같지 않은 이 기분. 여러 권의 시집을 냈지만 그는 여전히 쓴 것 같지가 않다. 이 허기는 무엇이람. 그는 쓰기 전용 로봇처럼 책상 앞에 앉아서 쓰지 않아도 되는 시를 쓴다. 전직 시인의 자격으로 쓴다. 나는 시인인가. 그는 최종적으로 대답한다. 시인은 아니다. 과도하게 시인 비슷한 연기를 했을 뿐이다.

—

 그는 단지 쓸 뿐이다. 그의 새 시집을 읽으면 새롭게 진척된 무엇이 없다. 그렇게 읽었다면 제대로 읽은 것이다. 매일 다른 그가 쓰고 매일 다른 그가 읽는다. 같은 시도 늘 다른 시로 태어난다. 어디서 본 듯한 논리지만 그건 그렇다쳐도 이 말의 내용은 틀리지 않는다. 그러니 그의 시집을 읽으면서 엇비슷한 목소리가 되풀이된다고 보는 의견은 틀린 것은 아니지만 문학의 관점에서 옳은 것도 아니다. 그것은 작가의 문제가 아니라 독자의 문제다. 그러나 다시 생각해보면 앞에 쓴 글은 거짓말이다. 그는 늘 똑같은 시를 똑같은 방식으로 쓴다. 그의 시집을 읽고, 뭐야, 이 양반, 늘 그 타령이잖아, 그러면서 시집을 덮는 독자는 그의 찐 독자이기 쉽다. 나도 그런 독자 서너 명 있으면 좋겠다. 선생의 시는 읽지 않고도 다 읽은 것 같아요. 그런 말을 듣는 시인은 행복할 것이다. 삼인칭 단수의 시인 그처럼, 때로 박세현처럼. 이 대목 읽으면서 그와 시시껄렁한 문학 얘기를 나누고 싶어진다.

인공지능에게 그의 시에 대해 물었다. 인공지능은 지체없이 대답을 내놓았다. "그의 시세계는 시의 재정의를 추구하며, '무엇이 시인가'를 끊임없이 질문한다. 기존 시론을 부정하며 자유롭게 시를 쓰고, 형식에 얽매이지 않고 시인의 진솔한 고백을 담아낸다. 변방에서 예리한 시선으로 세상을 읽어내는 시적 특징을 보여준다." 박세현의 시세계를 연상케 한다. 그는 인공지능의 비평적 요약을 신용하지 않는다. 시에 대한 통념을 주워섬기는 식이다. 인터넷 서평단의 리뷰와 다를 게 없다. 속지 말 것. 그에게 말해주려다 나는 그만두었다. 모든 읽기는 더치 페이식 이해다. 이렇게 속으나 저렇게 속으나.

―

 그는 생각한다. 시를 온통 원금으로만 쓰는 건 아니다. 그는 누군가의 시를 베끼고 표절하면서 시를 썼다. 아무도 모르게 또는 자신도 모르게 그렇게 해왔다. 그것이 모종의 창작적 열패감이다. 자기 것이 없을 때는 남의 성대를 모사라도 해야 한다. 이제, 조금은 알게 되었다. 시쓰기는 결국 남의 시를 베끼는 것이라고. 할 수만 있다면 아직 태어나지 않은 후세의 시까지 표절할 수 있어야 한다. 그는 그동안 베껴왔던 시인들에게 시를 돌려주고 있다. 그동안 잘 썼습니다. 이제 원주인에게 돌려드립니다. 고마웠습니다. 어쩌면 누군가는 그의 시를 베낄려고 할지도 모르겠다. 성서의 창세기 서술 방식을 따른다면, 발레리는 상징주의자를 베꼈고, 상징주의자들은 보들레르를 베꼈으며, 보들레르는 에드가 알런 포를 베꼈을 것이니. 강원도 발음으로 베낀다는 말은 벗긴다는 뜻이다. 다 벗어도 벗겨지지 않는 시는 있을 것이다.

―

그는 가끔 의정부에 있는 골목길 카페에 간다. 어쩌다 가끔 찾게 된다. 시가 잘 쓰여질 때마다. 그런 날 그런 순간에 자신의 시적 혈기를 의탁하기 위해서다. 가게는 작고 소담하다. 간소하다. 커피맛은 좋다. 그의 입맛을 설득하는 매력이 있다. 수수한 분위기를 자랑하는 여주인도 나쁘지 않다. 과장된 몸짓이 없이 담담하고 무덤덤한 기품도 엿보인다. 인문학에 오염되지 않은 말씨와 자태가 자연스럽다. 어느 날인가 여주인이 그에게 묻는다. "책 쓰시는 분이세요?" "어떻게 아셨을까. 제 책 사인해 드릴까요?" 이렇게 말하지는 않았다. 대신 그는 이렇게 화답했을 것이다. "저는 SF 작가입니다." "그게 뭔가요?" 그는 웃으며 소셜 픽션이라고 말해줬다. 한참 동안 그 카페에 가지 않았다. 시가 재미 없어졌기 때문이다. 의정부에 가 보고 싶은 마음과 가지 못하는 마음 사이가 점점 벌어진다. 그는 삼인칭 단수로 생각한다. 시가 매일 써졌으면 좋겠다. 쥐어짜는 시 말고. 누가 읽어도 좋다고 입을 대는 시 말고. 문창과 스타일의 시 말고. 좀 다른 시 없나. 그는 언제나 생각한다. 아아. 지겨운 시.

언젠가 삼인칭 단수 그를 만났던 날을 기억한다. 그날은 비가 왔던가. 공덕동 어디서 만났고 근처 찻집에서 커피를 마셨다. 안부차 만났던 것. 이런 저런 스몰 토크가 오갔다. 그에게 내가 물었다. 기다리는 시인의 시집이 있을까? 그는 웃음기를 머금으며 천천히 대답했다. 황동규와 최승자. 둘 다 다음 시집이 나온다는 보장이 없다. 그래서 기다려진다고 했다. 이승훈의 이름도 불렀다. 그가 누군가의 시를 기다리고 있다는 사실이 다소 놀라웠던 그날이다.

그는 사소설적으로 중얼거린다. 자신의 시는 사라지기 위해 쓰여진다고. 소멸을 향하고 있다는 것. 한국시의 소멸 과정과 같은 궤적 위에 있다는 것이 그의 독백이다. 지루한 한국시의 알고리즘적 관행을 벗어나기 위해 쓴다는 말로 들린다. 시대가 달라지면 나이 먹은 시인은 사라지면 된다. '노시인을 위한 나라는 없다.' 재수가 없거나 불운한 시인은 문학사에 표류할 것이다. 앞으로는 인터넷 허공을 떠돌게 된다. 인터넷에 검색되는 일이야말로 문학사보다 더 끔찍한 저주다. 그의 말이 무슨 뜻인지 확인하고 싶다면 지금 당장 인터넷에 당신의 이름을 검색해보시라. 그는 늘 다시 생각한다. 좋은 작가는 검색되지 않는다.

그의 시를 읽은 사람이라면 안심할 것이다. 이 정도는 나도 쓸 수 있지. 언제든지 쓸 수 있지. 자다가도 쓸 수 있지. 뭐 이런 걸 시라고. 촌스럽지 않어? 누구도 그의 시를 질투하지 않지만 폄도 없다. 그가 자기 시에 대해 안심하는 유일한 지점이다.

—

 어느 회식 자리였나. 옆에 앉았던 초면의 남자가 그에게 말을 걸었다. 시인이시지요. 그런 질문이었다. 그는 무심코 시를 쓴다고 대답했다. 그 남자가 말했다. 저도 시인입니다. 그는 순간적으로 아, 네 하고 얼버무렸을 것이다. 그 수컷은 나를 확인한 게 아니라 자신을 확인받고 싶었던 것. 저런 위인은 어디에 가든 별것없는 자신의 등단 지면을 꼬박꼬박 밝힐 것이다. 등단 지면이 자기라는 듯이. 아무개 지면으로 등단했습니다. 어쩌라구. 그는 삼인칭 단수의 자격으로 외롭게 생각한다. 나는 저 시인 호소인을 향해 말할 자격은 없다. We Are the World. 건필합시다.

그는 자신의 다리를 주무르는 손길로 자신의 시집을 펼쳐 볼 때가 있다. 여러 감회가 스쳐간다. 다른 업자들은 어떤지 모르겠다. 여전히 그는 자기 시의 문맥 속에 있다. 시 밖으로 빠져나오지 못하고 있다는 것. 자기 기준이 그를 가로막고 나선다. 거울 앞에 서서 자신의 신체를 들여다보는 심정. 여기 점이 있군. 여긴 살이 좀 빠졌어. 그렇게 생각하면서도 뭐, 이 정도면 아직은 괜찮은 거 아녀? 자기 확신과 망설임 사이에서 타협한다. 그동안 타이핑 기능만 늘었구나. 손가락에 박힌 굳은살은 어쩌나. 그는 삼인칭 단수로 생각한다. 시인 영업 42년차. 엿이나 먹게.

그에게는 그만 아는 손떨림이 있다. 의사는 키보드를 열심히 두드리라는 의학적 조언을 했다. 그후로 그는 키보드를 더 자주 더 열심히 두드렸다. 이것은 그가 시를 쓰게 되는 리유와 핑계가 되기도 한다. 다른 사람까지 알 필요는 없는 사정이다. 쓰기 중독자에게는 각자의 사정이 있다.

시집이 나오는 날이면 그는 쓸쓸하다. 허전하다. 적막하다. 출판사의 택배가 오지 않기를, 조금 더디게 오기를 바란다. 얄궂은 마음이다. 키보드를 두드렸던 시간과 혼란스러움이 몇 페이지의 책으로 포장된다는 사실에 대한 초조감을 다스리는 시간이다. 우습지만 약간의 떨림도 있다. 몇 번의 이혼 끝에 재혼하는 남자의 멍청한 심정 같은 것. 책을 펴내는 작가는 누구나 불치의 관종이다. 책을 만든다는 면구스러움과 쪽팔림도 있다. 무슨 책까지! 그는 그것이 두렵고 서늘하다. 책을 낸다는 것은 이처럼 수정되지 않는 슬픈 자뻑이다. 그는 말한다. 독자 여러분, 제 책을 읽어주시지 않음에 감사드립니다. 진심입니다. "책을 내셨더군요. 읽을 생각은 없습니다." 이렇게 말하는 독자가 그의 정회원이다. 누가 나의 분비물을 읽겠습니까? 이렇게 말하고 나면 삼인칭 단수, 그는 조금 오싹해진다.

―

 그는 모처럼 고향 농네의 도서관에서 문학 강연 비슷한 것을 했다. 당신 얘기를 해 봐! 지역 문인들에게 마이크를 쥐여주는 프로그램이다. 삼인칭 단수의 시인은 무슨 말을 했던가. 그는 청중들에게 어떤 동기로 행사에 참석했느냐고 묻는다. 주말에 집에 있으면 뭐하겠어요. 노느니 염불한다는 차원으로 참석했습니다. 이런 응답자가 있다면 그를 지지하며 말문을 열어갔을 것이다. 고맙습니다. 당신은 내가 찾던 바로 그분입니다. 앞으로 이런 문인 초청 특강에 참석해 고개를 끄덕거리는 일은 그만 하시라는 당부도 빼먹지 않았다. 연사가 무슨 말을 하더라도 감동받지 말라는 것. 그런 습관을 버리라고 다소 흥분하며 말했다. 강연이 마무리되고 행사장 문을 나설 때 다음처럼 말해주면 보람을 느끼겠다는 말도 했다. 괜히 왔어. 집에서 유튜브나 볼 걸. 서로의 속을 뻔히 아는 일가친척 같은 소규모 대중에게 그는 자신의 신념만을 강조한다. 강연이 끝나고 도서관 문을 나서는 순간에 당신의 시가 시작된다는 사실을. 마치 죽는 순간에 다른 삶이 시작되듯이.

그는 쓴다. 여전히 쓰는 그가 있다. 그는 책상 앞에 앉아 있다. 오늘은 무엇을 쓸까를 고민하지 않는다. 그건 허영이다. 그냥 쓴다. 단지 쓴다. 그냥 단지 오로지 쓴다. 무모하게 쓴다. 그는 쓴다. AI를 대신해 쓴다. AI를 대신해 쓰고 있는 그가 있다. 그는 쓴다. 다만 쓰고 있는 그가 있다. 당신은 어쩌면 그를 만나게 될지도 모른다. 어두운 극장 구석에서. 폐업 직전의 카페에서. 작별하는 사람의 등 뒤에서. 눈 쏟아지는 신작로에서. 불꺼진 누군가의 창밖에서. 한글 자판 위에서. 페이스북 타임라인에서. 쓰다 만 시의 행간에서. 슬픔의 갈피에서. 모든 작별 앞에서. 당신의 입술 위에서.

그는 생각한다. 본문을 떠난 인용은 흔히 인용자 자신의 자의식으로 몸을 바꾼다. 대개의 인용은 그런고로 터무니없는 오류의 과정을 경유한다. 벤야민은 자신의 삶을 "모순 속에 움직이는 전체"라고 요약했다. 그는 저 문장을 자기 편의로 인용하며 왜곡한다. 스스로를 '문학 속에 움직이는 전체'라고 의역하지는 않는다. 대신 모순과 우연이 자신의 삶을 훑고 지나갔다고 쓴다. 모순이여, 우연의 세월이여.

—

그는 가끔, 가끔 자기 마음대로 흘러가는 자기 생각을 방치한다. 1950년대 후반의 시골 신작로를 걸어가던 사람, 대학원 박사 수업에 김소월 시를 읽다가 벌떡 일어나 가곡을 부르며 눈물을 지리던 문학박사님, 저런 게 시라면 자기는 시를 쓰지 않겠다고 호언하던 시인, 그분, 아직 살아 있을까? 밤마다 벽에 귀를 대고 귀뚜라미 소리를 듣던 남자, "창신동에 사는 사람들은 모두 개새끼들이외다."라는 1960년대식 낙서가 나오는 김승옥 소설을 필사하던 청년, 응암동 대림시장에서 한국현대문학전집을 팔면서 조악한 도색잡지를 끼워주던 시 쓰던 헌책방 주인 남자, 그분, 아직 살아 있을까? 달빛에 생각을 행구던 사람, 자기만 사랑해 달라면서 양다리 걸치던 지적인 여자, 태어나지 않은 시인을 질투하던 노시인, 벤야민 평전을 읽던 반찬가게 여자, 표준말 규정은 없어져야 한다고 주장하던 시골 중학교 국어교사, 산골에서 매일 시 한 편씩 쓰고 시를 불태우고 제사를 지내는 K, 시를 쓰지 않아도 행복한 여섯 가지 이유의 저자, 재미없다며 임기 중에 사직하고 래퍼가 되어 지방 장터를 떠돌며 북을 두드리는 전직 대통령, "근데 댓글 상태 왜 이럼? 님 뭐 시인...... 그런 거임?"(오영미)을 읽으며 창공처럼 웃던 편의점 사장. 삼인칭 단수의 단상 속에 등장하는 그분들, 아직 살아 있을까요?

그는 자기 인생의 방관자다. 그는 자신이 관련된 일에 아등바등 하지 않는다. 낙천적이냐고? 그냥 그렇게 세팅이 된 인간이다. 글쓰기에 특화된 전념형도 아니다. 삼인칭 단수인 그는 자기 삶을 인위적으로 각색하지 않는다. 흘러가는 대로 방목하는 형이다. 그의 문학도 그런 관점에서 살펴져야 한다. 웃자고 하는 그의 얘기. 그가 음식물 봉지를 들고 엘리베이터에 올랐는데 옆집 여자가 묻지도 않은 말을 했다. 우리 집 아저씨는 외아들이어서 집안 일을 한 개도 도와주지 않아요. 자기만 알아요. 삼인칭 단수는 빙그레 웃었다. 엘리베이터에서 몸을 빼내며 이웃에게 그는 나지막하게 말했다. 저는 3대 독자랍니다.

그는 명동으로 나간다. 아침에 페북에서 본 글이 떠오른다. 무심히 지나갈 수 있었는데 그렇게 되지 않는다. 어느 지점에선가 그는 자기 생각이 헛돌고 있음을 알아챈다. 그 문장은 다음의 두 줄이다. "명동 간다는 게 충무로역에 내렸다. 그런 시가 생각보다 더 실할 수 있다." 황동규 선생의 '시에 대한 단상들' 조각이다. "날것보다는 제대로 익힌 시가 그래도 좋지 않은가. 익힌 날것도 있겠지만…" 역시 황선생 스타일. 그는 전철 안에서 황선생의 단상을 반복한다. 충무로역 환승을 깜빡하고 압구정역까지 갔다가 돌아온 적 있다. 아무에게도 말하지 않았지만 누군가에게 말하고 싶을 때도 있다. 내게 시는 그런 것인지도 모른다.

―

그는 생각한다. 오늘이 입추다. 가을의 예고편인가. 덥다는 언어를 식혀주는 바람 한 줄기. 계절은 속일 수 없다는 말을 하려는 건 아니다. 그는 자신과 상관없이 대가(大家)가 되었다. 문학적 평가에 값하는 대가가 아니라 자기 삶에서 온전한 대가(代價)를 치르고 있다는 뜻이다. 그만 그런 것은 아니다. 땡볕 아래서 푸성귀를 팔고 있는 저 이도 대가다. 역 부근 노숙자도 그렇다. 전과 여러 범도 대가다. 그렇게 생각하는 그를 보면서 나는 웃는다. 그런 점으로 보자면 우리는 모두 대가의 삶을 살아나간다. 그는 거기까지만 생각한다. '양아치들의 한국정치사'를 써보면 어떻겠냐고 물었더니 그는 웃지 않고 짧게 뱉았다. 헐.

그는 생각한다. 문학행위는 결국 자기 세계를 탐문하는 것. 그는 이 대목에서 예선 탈락 수준이다. 자기 세계를 갖는다는 것은 난감한 일이다. 대개의 시인들이 대개 실패하는 대개의 이유는 자기가 없기 때문이 아닐까? 자기라는 허상에 속고 있기 때문이 아닐까? 자기의 삶을 산다면서 타자의 삶을 살아낸다. 자신의 독서가 자신을 오염시킨 것은 아닌지 스스로에게 물어야 한다. 어차피 남의 삶을 살다가 떠나간다. 이 생각 역시 그의 것은 아니다. 그는 자기 세계에 대한 탐욕을 폐기한다. 어차피 우리는 한 톨의 먼지일 뿐이다. 이것이 그의 파토스다.

―

 해방 80주년 기념으로 그는 초기 을 북촌을 걸었다. 한옥이 더 나이 들어보이는 골목길로 들어갔다가 도로 나오는 걸음을 반복했다. 이런 날은 그렇게 하는 것도 괜찮다고 생각한다. 국립현대미술관도 한 바퀴 돌았다. 오늘은 그냥 그렇게 하는 것이다. 자신을 위한 의례다. 그는 금년에 두 권의 책을 한국문단에 납품했다. 해방 80주년 기념은 아니다. 아무튼 그도 할 만큼 했다. 성의껏 키보드를 연주했다. 자신의 수수한 광기 안에서 수수하게 살았다. 헌법재판소 앞을 무념무상으로 지나간다.

 가을비가 내리는 날 이곳에 다시 와서 우산을 받으며 구시대의 시인처럼 걸어보리라. 생은 춘몽이자 광풍이고 일련의 오작동이다. 발터 벤야민이 스페인 국경을 넘다가 사라지듯이 나는 이 가을 햇빛 속으로 증발하는 시늉을 한다. 내일쯤 죽으면 좋겠다.

삼인칭 단수, 그는 생각한다.

그는 '모든 계절에 맞는 사람'은 아니다. 모자르거나 과한 스타일이다. 그가 쓰는 시도 그렇다. 평균에 미달하거나 벗어난다. 그의 시에는 이상한 교만심이 흘러간다. 좋은 시인이라면 그런 분위기를 싹 문질러버렸을 것이다. 그는 모른 체 하면서 그런 분위기를 조장한다. 그것이 그의 문체이자 그의 문제다. 그에게는 자신이 중앙일보사에서 발행하는 계간문예지 문예중앙 제1회 추천제 시인이라는 것, 신경림, 황동규가 심사자리에서 처음 악수했다는 것, 시 10편을 당선작으로 뽑은 제도상의 실험이 잡지사상 초유였다는 것을 그는 기억한다. 아무도 이런 내용을 기억하지 않는다는 사실은 사실보다 더 사실적이다. 여름호 발매 계절이 다가오면 남모르게 그는 정신의 어딘가가 욱신거린다.

그는 늘 생각한다. 자신의 시쓰기가 삽질임을 자각한다. 그가 시를 끄적대는 순간 세상에 또 누군가는 시라는 수작을 통해 자신을 하소연하고 있다고 생각하면 삶에 온기가 돈다. 늦밤에 남의 집 창문에 켜진 불빛을 보는 듯한 느낌. 시쓰기는 순전히 개인적인 사업이다. 목적지가 서로 다른 동업자가 있다는 정도의 느낌만으로도 그의 삽질은 탄력이 붙는다. 나도 저이처럼 삽질하러 가야겠다. 헛수고의 숭고함. 나의 삽은 어디 있지?

그는 자신의 책에 버젓이 박혀 있는 오자를 발견한다. 자신의 부주의를 탓하며 우울하다. 어쩌랴. 독자는 오자를 통해 저자를 분석할 권리가 있다. 그는 다시 생각한다. 오자 한 자 바로잡는다고 자신의 글이 더 온전해지는 건 아니다. 오자도 자기 몫이 있을 것이다. 오자가 깨우치는 어떤 방향성 같은 것. 글을 쓰는 작업은 세상에 대한 번역인데 그것도 오역의 한 입장이다. 모든 글은 세상에 대한 근사값일 뿐이다. 읽기는 고쳐 읽기다. 독자가 고쳐서 다시 읽으면 된다. 그건 글 작가의 몫을 넘어서는 일이다. 그렇습니다. 모처럼 그가 쓸만한 말을 하는군.

그의 시는 후- 불면 날아갈 듯 하다. 날아가고 남은 흔적이 없다. 또박또박 그리고 꾹꾹 눌러서 쓰지 않았기 때문. 날림형 문체style다. 그것도 방편인가. 그에게 물었다. 그는 빙긋이 웃었다. 다시 물었다. 당신이 쓰는 시는 손도 안 대고 코푸는 시다. 씨익 웃으며 그는 말한다. 나는 손이 없는 사람이외다.

그는 느닷없이 생각한다. 시인이라는 딱지를 달고 오랜 시간 살아왔다. 뾰족한 자기 세계를 구축하는데 성공적이었던 것도 아니다. 실패의 누적이다. 후회를 쓴다. 그것도 시인 딱지에 대한 어쩔 수 없는 윤리적 판단이다. 더는 키보드를 두드려 댈 지평이 보이지 않는다. 책을 내는 일이 눈치가 보인다. 서글픈 자기 혐오가 몸을 감싼다. 쿤데라는 자신의 책 『소설의 기술』 31쪽에 썼다. "내가 말하고 싶은 것은, 만일 소설이 정녕 사라진다면 그것은 소설의 힘이 다해서가 아니라 소설이 더 이상 자기 것이 아닌 세계에 처하게 되기 때문이라는 것, 단지 이것뿐이다." 쿤데라의 의견으로 그는 자신의 글쓰기를 다스린다. 만일 그가 더 이상 시를 쓰지 않는다면 시의 힘이 다해서가 아니라 자신의 시가 더 이상 자기 것이 아닌 세계와 맞닥뜨렸기 때문일 것이다. 제행무쌍. 역시 밀란 쿤데라. 지금 어디 계신가요?

―

 그게 그거 같은 시를 쓰면서 자신이 달라졌다는 사실을 그는 자기 식으로 공감한다. "뒤라스는 늘 같은 옷을 입고 다닌 뒤로 삶이 달라졌다"고 했다. 강보원의 『에세이의 준비』 159쪽에 인쇄된 문장이다. 내가 아는 그는 자신을 단벌신사로 규정한다. 때와 장소를 가리지 않고 늘 한 가지 옷만 입고 다니는 사람. 쓸 것이 없어서 늘 동어반복을 하고 있는 사람. '난 이런 작업을 하는 사람이야' 그러면서 맨날 그게 그거 같은 작업을 하는 작가, 미술관 큐레이터는 이런 작가를 나쁜 작가로 꼽는다지. 음. 그게 나란 말이지.

—

그는 생각한다. 시를 쓰는 일은 '자기 착취'의 한 형식이다. 자기 표현이라는 욕구에 복무하면서 자기를 파먹는 일이다. 환상을 걷어내고 실재에 닿는 것. 그것을 방해하는 것은 통념이다. 통념을 놓쳐야 할 것이다. 좋은 시라는 개념을 잊어야 한다. 스승의 초상화를 불쏘시개로, 경전의 옳은 말씀을 찢어 뒤를 닦듯이. 그는 선승의 문밖에서 시를 쓰는 가장 높은 방법을 깨달아간다. 비로소와 마침내 혹은 어쩌다의 조력을 받으면서. 그것은 한 줄도 쓰지 않는 것이다. 나는 삼인칭 단수 그의 생각에 망설이면서 조용히 동의한다.

―

오늘 하루 휴업합니다
죄송합니다

아침 산책길. 동네 생삼겹집 앞에 걸음을 멈추고 그는 문에 붙은 두 줄 짜리 공고문을 읽는다. 생소한 시다. 가게 문은 닫혔지만 문을 두드려주고 싶다. 주인이 나온다면 물으리라. 주인은 겸손하게 말하겠지. 개인적인 사정입니다. 캐물을 일이 아니라 그는 무심하게 돌아서리라. 사정은 누구에게나 있다. 고양이도 팥배나무도 사정은 있다. 개인적인 너무나 개인적인. 그도 저 생삼겹집 본문 없는 공고문처럼 오늘 하루 조용히 휴업하고 싶다. 자신도 모르는 사정이 누구에게나 있을 것이다. 2025년 윤달에 키보드를 두드린다.

—

그는 생각한다. 삶은 얼마나 무거운가. 다시 생각한다. 삶은 얼마나 가벼운가. 삶은 무거움을 덜어가는 여행이다. 삶은 백지 위에 무거움을 얹어가는 과정이다. 그렇군. 그는 철학자처럼 생각한다. 그는 박사였고, 교수였고, 논문을 썼고, 강의를 했고, 시를 썼다. 그래서? 그는 교수가 되어 어두운 연구실 구석에서 1930년대의 소설이나 1950년대의 시를 읽고 싶었다. 기말고사 답안을 잘 쓴 학생보다 음료수 한 병을 들고 오는 학생에게 다문 얼마라도 학점을 더 올려주는 교수가 되고 싶었다. 그는 한국사회의 표준오차 범위 밖에 서 있다. 그는 천천히 자기 바깥으로 걸어나간다.

—

그는 광화문 교보문고 K5-1 매대 앞에 서 있다. 매대에는 제프 다이어의 신간 에세이 『라스트 데이즈』가 여덟 권 쌓여 있다. 한 권을 그가 손에 집어들었으니 매대에는 일곱 권이 남아 있다. 그는 서서 책을 읽는다. 23쪽까지 읽었다. 나머지는 내일 와서 이어서 읽으리라. 486쪽이니 한 번에 23쪽씩 읽는다면 20일간 읽으면 라스트 페이지에 이를 것이다. 그렇게 하기로 자신과 약속하고 그는 서점을 나선다. 안국동 방향으로 걷는다. 가다 보면 '안국동울음상점'(장이지) 앞을 또 지나가게 될 것이다. 문이 열렸을까? 모른 척 지나가자. 은퇴후의 사후세계는 이렇게 살아도 괜찮다고 그는 빈말을 중얼거린다. 가을이다.

그는 광화문 교보문고 K5-1 매대 앞에 섰다. 매대에는 어제처럼 제프 다이어의 신간 에세이 『라스트 데이즈』가 일곱 권 쌓여 있다. 어제 여덟 권이었는데 한 권 팔렸다. 그가 한 권을 손에 집어들었으니 매대에는 여섯 권이 남아 있다. 그는 서서히 책을 읽는다. 50쪽까지 읽었다. 오늘 읽은 부분에는 딜런, 긴즈버그, 잭 케루악, 존 버거가 등장한다. 케루악의 무덤 앞에서 긴즈버그가 딜런에게 묻는다. 죽으면 어떻게 묻히고 싶으냐? 딜런은 '묘비 없는 무덤에 묻히고 싶다'고 대답한다. 존 버거는 그가 출연한 영화에서 '누구의 소유도 아닌 땅에 묻히고 싶'노라고 말했다. 다들 꿈이 야무지시다. 자고 일어나니 유명해진 케루악이 무명으로 잠들던 마지막 밤이 상상된다. 내일 다시 와서 읽으리라. 그는 거리로 나온다. 교보 빌딩에 최승자의 시구가 펄럭인다. "이상하지, 살아 있다는 건, 참 아슬아슬하게 아름다운 일이란다." 안 읽은 척 지나간다. 사후 세계는 어떻게 살아도 아름다운 일이라고 그는 중얼거린다. 가을이 한 걸음 더 가까와졌다.

―

그는 광화문 교보문고 K5-1 대매 앞에 있다. 제프 다이어의 신간 『라스트 데이즈』는 K5 매대로 옮겨졌고 여섯 권이 쌓여 있다. 한 권이 더 팔렸다. 책도 매일 자리를 옮기는구나. 그는 서서 책을 읽는다. 50쪽 이후는 주로 로렌스에 대한 얘기다. 로렌스가 80대에 백내장 수술을 했다는 데까지 읽었다. 70쪽까지 읽고 그는 서점을 나선다. 이웃 매대에서 『롤랑 바르트가 쓴 롤랑 바르트』를 몇 쪽 건성으로 넘겨본다. "글은 자기 욕망으로 쓰는 거다. 나는 그 욕망을 끝내지 않을 것이다." 서점을 나오니 오다가다 빗방울이 떨어진다. 그는 '빗방울에 맞아죽지 않도록 조심하면서' 걷는다. 나는 광화문에서 삼인칭 단수, 그와 헤어졌다. 내가 손을 흔들었던가.

그분, 아직 살아 있나요?

ⓒ박세현, 2025

1판 1쇄 인쇄__2025년 11월 20일
1판 1쇄 발행__2025년 11월 30일

지은이__박세현
펴낸이__양정섭

펴낸곳__경진출판

    주소__서울특별시 금천구 시흥대로57길 17(시흥동, 영광빌딩), 203호
    전화__070-7550-7776 팩스__02-806-7282
    스마트스토어__https://smartstore.naver.com/kyungjinpub
    이메일__mykyungjin@daum.net

값 12,000원
ISBN 979-11-93985-92-2 03810

※이 책의 무단 전재 및 복제, 인터넷 매체 유포를 금합니다.
※잘못된 책은 구입처에서 바꾸어 드립니다.